JN439979

캐나다에서

시조로

조국을 노래하다

캐나다에서
시조로 조국을 노래하다

초판 1쇄 인쇄 2018년 05월 15일
지은이 정충모
펴낸이 이승훈
펴낸곳 해드림출판사
주 소 서울 영등포구 경인로82길 3-4(문래동1가 39)
센터플러스빌딩 1004호(우편 07371)
전 화 02-2612-5552
팩 스 02-2688-5568
E-mail jlee5059@hanmail.net

등록번호 제87-2007-000011호
등록일자 2007년 5월 4일

* 책값은 표지에 있습니다
* 잘못된 책은 바꿔드립니다

ISBN 979-11-5634-283-0

조국을 위한 역사적·서사적·민족적·저항적 시조

캐나다에서 시조로 조국을 노래하다

정충모 시조집

해드림출판사

| 저자의 말 |

단재 신채호 선생과 이육사 시인의 정신을 담아

한반도 최초의 역사는 단군조선, 발해, 고구려, 백제, 신라로 이어져 삼국을 통일한 신라가 천년의 역사를 지배해오다 경순왕을 끝으로 멸망했고, 그 후 백제 견훤과 후고구려 궁예가 다시 부흥하여 200년의 역사를 유지했으나 결국 왕건에 의해 멸망되고 말았다.

그 후 왕건이 집권하면서 국호를 고려라 부치고 500년의 세월을 지배했지만, 고려 역시 부패한 탐관오리들로 인해 이성계가 공민왕을 축출함으로 삼국의 전·후기는 영원히 역사에 뒤안길로 사라졌다. 그로부터 이성계가 태조로 등극해 조선 시대를 통치하지만, 조선왕조 500년의 역사는 당파 회오리에 귀양을 보내고 살육하는 등 고려 역사를 그대로 답습하고 말았다.

이 고단한 역사 속에 가장 치명적 상처를 준 역사는 두말할 나위 없이 임진왜란과 병자호란, 일제 군국주의 식민 지배를 받아 36년간 노예로 지내던 일제강점기라 하겠다.

하룻강아지 범 무서운 줄을 모른다고 이어 일제가 진주만을 폭격한 것이 도화선이 되어 미국의 보복으로 히로시마, 나가사키에 원자탄을 투하하여 소 뒷발 체인 쥐 형국으로 한반도가 해방을 맞이했으나 남한의 사정은 해방 전과 조금도 변하지 않았다.

이른바 독립투사들은 국내파, 국외파로 나누어 개인적 논공행상에만 혈안이 되어 오다 미·소를 불러들여 6·25사변을 초래해, 동족상잔의 피비린내 나는 싸움을 하다 결국 통일이 아닌 정전으로 끝나고 만 것이다.

6·25전쟁이 끝나자 유엔 한국 재건단(UNKRA)은 국제 사회로부터 약 127억 달러에 이르는 원조를 받아 왔고 이중 무상원조의 70% 정도가 1945~60년 사이에 이루어졌다. 이에 미국도 무상 원조 약 44억 달러, 유상 원조는 4억 달러를 남한에 원조하였지만, 실제 그 속내는 지정학적으로 유리한 입장을 고수하기 위한 궁여지책서 나온 원조였다.

당시 미국은 식품들이 창고에서 넘쳐나 바다에 버리다가 소련 관리에 발각되어 가난한 국가들이 식량이 부족해 기아에서 허덕이는데 너희 나라는 물자가 얼마나 많으면 바다에까지 버리느냐며, 가난한 국가에 원조를 하라고 조롱하였다는 일화도 있다.

요즘에 와서는 더해 남북한이 급속도로 가까워지는 걸 우려한 나머지 급기야 깊이 묻어두었던 통상법(301조)을 내세워 도깨비방망이 휘두르듯 "금 나와라 뚝딱, 은 나와라 뚝딱" 엄포를 하며 개미 진딧물 짜듯 야금야금 수탈해갈 궁리만 하고 있는 것이 미국의 속셈이다.

한반도가 이토록 열강들의 그늘에서 벗어나지 못한 것은 일제 말기인 1940년대 대동아 직후, 조선 독립의 희망이 없어지자 이른바 일본강점기 때 어용학자, 식민사학자, 지식인, 기업인, 문학인들이 대거 친일로 돌아섰기 때문이다.

여기에 친일파 대부 이완용 학부대신, 이근택 군부대신, 이지용 내부대신, 박재순 외부대신, 권중현 농상공부대신 등 친일파 대부들 입김이 아직도 남아 한반도 통일을 더 어렵게 했다 해도 변명의 여지가 없다. 물론 지식인들 중 지조를 지키다 옥사한 분들도 많지만….

돌아보면 이 모든 사건은 첫 단추를 잘못 끼운 이승만 전 대통령의 정치적 독선이 국내 사정을 더 복잡하게 만들었고, 해방과 동시에 국회에서 '반민특위'를 처리 못 한 것이 절대적 실수였던 것이다.

거기에 친일의 잔재들까지 이승만 정부에 동조해 오늘까지도 그 영향이 미치고 있다 해도 과언이 아니다.

이제 머슴 노릇은 아버지 때로 끝내자, 아들까지 유산으로 남길 순 없다. 미국이라면 무조건 '옳소 옳소' 하는 비굴한 버릇을 고쳐 우리의 자립 독립을 위해 한 치의 소홀함이 없어야겠다.

육이오의 노래

아아 잊으랴 어찌 우리 이날을
조국의 원수들이 짓밟아 오던 날을
맨주먹 붉은 피로 원수를 막아내어
발을 굴러 땅을 치며 의분에 떤 날을
이제야 갚으리 일제의 원수를
쫓기는 일제 무리 쫓고 또 쫓아
원수의 하나까지 쳐서 무찔러
이제야 갚으리 일제의 원수를.

육이오의 노래, 4절 속에 원수 소리가 4마디가 나온다. 무슨 불구대천지원수가 되었다고 같은 민족끼리 원수 소리가 4

번씩이나 나와야 하는가? 이제는 그 지긋지긋한 원수의 노래는 일본으로 돌려야 된다. 육이오를 일으킨 원흉은 일본이니까? 독도를 생각한다면 더더욱 그렇게 하여야 한다.

저자는 어려서부터 조부祖父을 거쳐 부친父親으로 이어지는 유교 도포道袍에 싸여 나름으로 역사에 대한 책을 많이 탐독했다. 그 과정에서 한반도에 대한 역사 인식을 절실하게 느끼게 된 것은 '단재 신채호' 선생과. '이육사' 두 선각자先覺者에서 해박한 역사관에 얻은 영향이 컸던 것이고, 그것이 계기가 되어 이번 시조 책을 편집하게 된 것이다.

부록附錄

주제를 돌려 캐나다 정치인의 예를 들어본다. 캐나다는 국회의원이 의회議會에서 자못 말실수를 하면 하늘을 치솟던 인기도 한순간 바닥으로 떨어지고, 바닥에서 맴돌던 의원이 국회에서 발의發意 한번 잘 하면 금세 인기를 반등反騰시키게 하는 것이 캐나다가 국민성이고 투표의 매력이다.

한국은 어떠한가? 자기가 좋아하는 정치인이라면 분신 일

부를 잘라 버린다 해도 지극정성, 임 향한 일편단심 "어천가" 나 부르고 있으니, 지금도 정치가 한 치 앞 전진을 못 하는 것이 여기에 기인起因하는 것이다.

기술이라면 화장지까지 모방하는 나라에서 국가의 존립存立이 위태로운 시기에 정작 배워야 할 정치는 모방하지 못 하고 기껏 유학 와서 찢어진 청바지나 입고, 그것도 유행이라고 귀국하여 거리를 활보하니, 국가의 기강이 바로 서지를 못하고 있는 것이다.

이번 평창올림픽을 치르면서 남북한의 급속도로 단합된 모습은 과히 혁명적이다. 다행히 미국이 호의적으로 나왔지만, 그 진위가 어디 있는지 수시로 변하는 미국을 보며 긴장의 끈을 놓아서는 안 된다. '감탄고토甘呑苦吐'라는 고사성어가 있다. 미국은 약자를 억압하려는 못된 습성이 있어 언제 또 돌출 발언을 들고나올 줄 모른다.

새 정부의 文이 활짝 열렸다. 모처럼 얻은 평창올림픽, 평양 음악축제 등은 우리 겨레가 한 몸이 될 절호의 기회다. 남북한 형제들이 혼연일체가 되어 국가와 민족 통일을 위해서 전진 또 전진해야겠다.

끝으로 저자가 이 책을 역사적·서사적·민족적·저항적 시조로 편찬하게 된 것은 소설로 쓰다 보면 너무 방대하고 지루할 것 같아서였다. 요컨대, 요즘 젊은이들이 역사에 대해 너무 무지하여 독서 탐독을 유도하는 차원에서 이해하기 쉽게 시조를 택한 것이다.

역사를 알아야 조국이 있으니까.

2018년 5월

저자 **정충모**

| 추천사 |

시정신과 의욕, 그리고 긴 호흡의 노작勞作

이상범(시인)

정충모 시인은 우리의 피붙이요, 우리의 살가운 이웃이다. 지금은 캐나다에 머물며 생활을 영위하고 있는 동포 한 분이시다.

해외에 나가 있으면 애국자가 된다는 말도 있다. 정충모 시인은 국가에 대해 애정이 어느 누구 보다도 강하고 열정적이다. 그의 시심은 오래전에 형성되어 있었으나 펴 보이진 못했다. 늘 마음으로 가누고 안으로 소화해야만 했으니까 실상 시심을 터놓고 가꾸고 말해볼 겨를도 없었다고 본다.

이 말을 뒤집어 보면 캐나다란 나라에서 생활의 터전을 굳건히 마련한다는 것은 그리 쉽지가 않다. 오랜 시간 몇 배의 노력과 불면의 밤을 지새우며 개척의 꿈을 키웠을 것으로 여긴다.

정충모 시인은 생활의 터전이 어지간히 잡힌 때가 바로 시심의 날개를 추스르는 시기였다고 본다. 틈나는 대로 역사 관계 서적과 시와의 동거를 서책과 인터넷으로 긴 시간을 할애하고 섭렵했으리라 짐작이 간다. 스스로 고충과 미흡함을 감지하기도 하면서 시에의 눈 뜨임을 깨달았을 것이다.

그의 역사 인식과 나라 사랑의 애착은 치열하다. 시에로의 순화에 앞서 나라 사랑 충정의 다리를 먼저 건너야 했기 때문이다. 시에의 몰입은 작자가 인식하고 있는 시의 세계보다 늘 앞서가고 있다고 여겼을 것이다. 이것을 그의 억척스러운 시심으로 시의 몸통을 만들고 있음을 눈으로 역연히 관망하고 있다. 그러기에 단시短時 보다 장시長詩가 많은 이유일 것이다.

또한, 의욕의 산물임을 입증하고 있다. 그의 시는 그러기에 시정신과 의욕의 산물이고 명시이기보다 노작勞作에 가까운 호흡인 것을 알게 된다.

정충모 시인의 많은 날들이 남긴 잠 못 이룬 작시의 수고로움에 격려의 말씀을 전해드리고 싶다. 또한. 먼 타국에서 우리 고유 정신과 정서가 깃든 시조를 사랑하고, 동도제현과 함께 나누며 발전시켜 가는 모습에 찬사를 보낸다.

모쪼록 정충모 시인을 비롯한 캐나다에서 시조를 통해 우리 정신을 지키려 애쓰는 시인들의 건강과 문운을 빈다.

2018년 5월 3일

청와헌聽蛙軒 우거愚居에서

녹원綠源 식識

| 목차 |

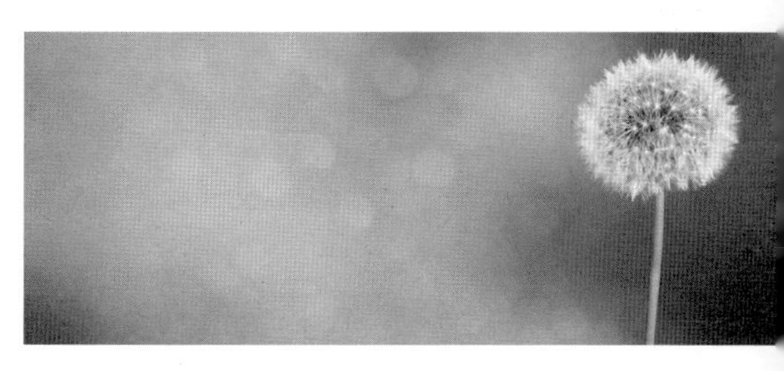

2부

오월이 오면

3부

황혼 열차

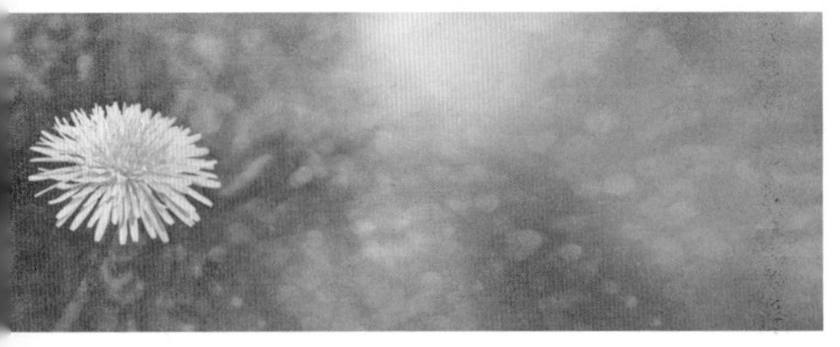

4부

인왕산을 바라보며

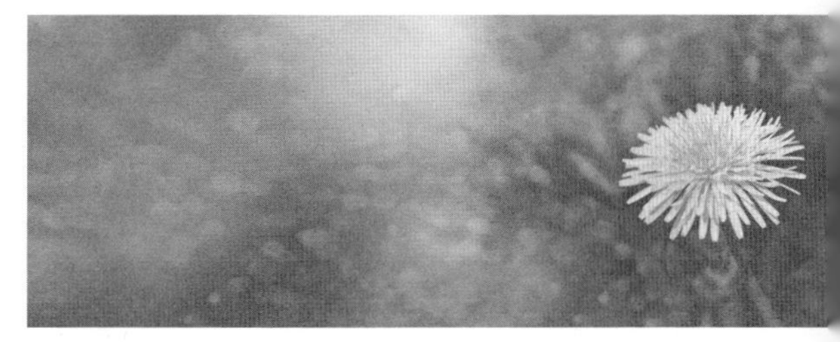

5부

먹이사슬

_초보자를 위한 (평)시조

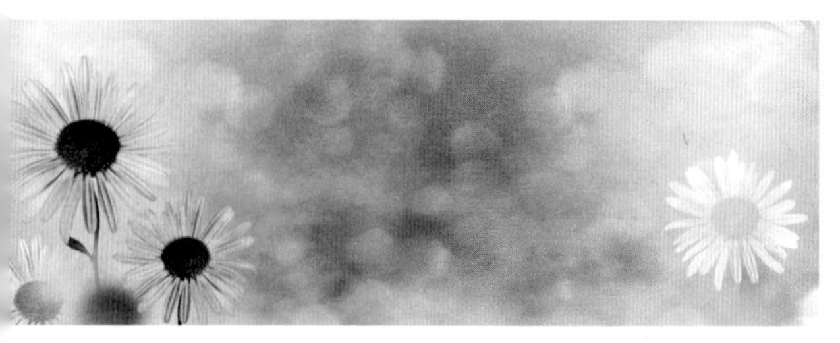

6부

한반도의 자취소리(1)

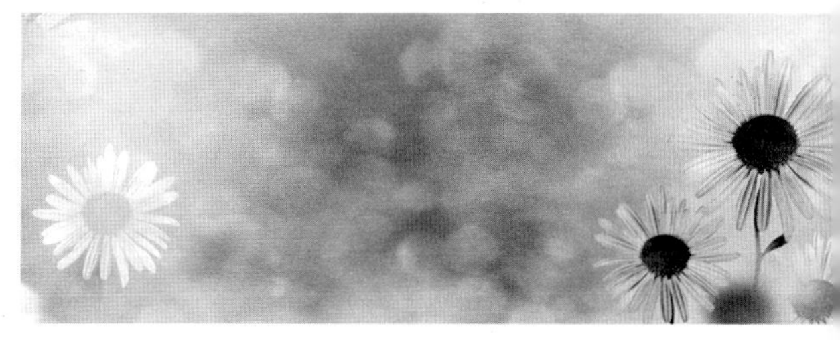

7부

한반도의 자취소리(2)

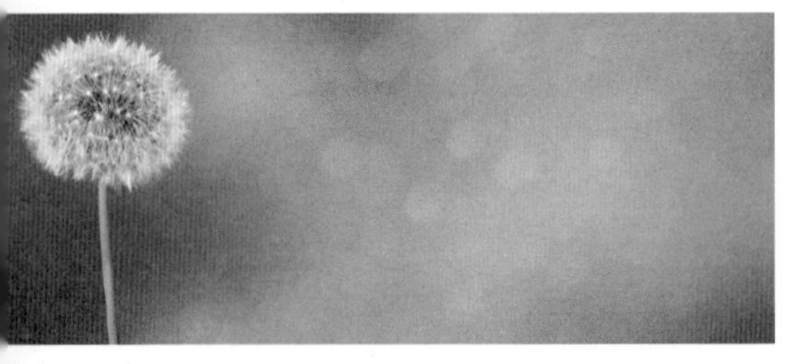

1부

레드스톤 호수에서

나이아가라 폭포

쏴아~쏴아 피어오르는 물보라의 굉음
비상같이 솟구쳐 오르는 장엄한 선율
억장이 무너내리는 인디언 통곡이어라.

일만 오천 년 알래스카 경유를 해
해저 타고 사선 넘은 유목민의 고달픔
눈보라 잦은 머리 위 반기는 늑대 떼.

목숨 걸어 개척한 척박한 동토의 땅
칠성판 깔아 논자리 여우가 지나간다고
앵글로 색슨들 행포는 박힌 돌 빼어내고.

같은 동족이었다 벌건 입술 드러내어
정 듬뿍 싣고 실실 웃는 바람의 아들들
그대들 굶주린 정을 내 어찌 잊겠는가?

선생님 눈을 피해 훔쳐본 서부 활극들
광야에 쓰러지는 인디언 추장의 최후
통쾌히 기립 박수 치던 종속국의 후예들.

인디언들이 처음 북아메리카를 진주한 땅엔 이름조차 짓기도 힘들었다. 그야말로 풍찬노숙이었다. 자연환경에 따라 이름을 지어 불렀다. 태어날 때 바람이 몹시 불어 지은 이름은 '바람의 아들'이 되고, 지빠귀가 울면 '지빠귀'가 이름이 되었다.

제국주의 일본은 아세아를 유린하고
백인종 미국은 인디언을 토벌하고
동서의 약육강식은 약자들의 사육장.

꺼진 뜻 사라져간 인디언의 저주가
나이아가라 폭포 위 한 가닥 원기 남아
오늘도 무지개 타고 하얀 피를 토하는데…….

해독하기 힘든 추상 명사가 아니라, 그때그때 경험으로 이루어진 이름이다. 광활한 땅에 추위와 늑대 떼와 싸워가며 존속 보존을 하며 사느라 그런 것이다. 무기라곤 활과 칼과 말이 전부였다. 그런 인디언을 백인들(앵글로 색슨)은 총칼을 앞세워 무자비하게 도륙했다.

역마살이 웬수지요

하늘 '파노라마'가 진홍색으로 물들면
기진한 저녁 해도 노을 속에 스며들어
끝자락 구름 한 점이 파리하게 몸을 떤다.

이방인 외로움을 업으로 끌어안고
밀려드는 수모를 인내로 삭이며
한 가닥 매듭을 안은 인고의 세월이여!

머언 길 걸어온 억 겁의 발자취들
겹겹이 쌓아온 외로운 빈 둥지에
설한의 탁한 소리를 담아야만 하는가?

육신은 오갈이 들어 눈밭에 서성이고
아득히 멀어져 간 나이테의 흔적들을
이제 와 후회하기엔 부질없는 일인 것을.

가진 것 없고 자랑할 것 없는 동토에
고달픈 길목에서 모두들 떠난다 해도
내세울 조국이 있고 붓이 있지 않은가?

삶의 추를 다시 돌릴 수만 있다면
장부의 큰 웅지를 로키에 메어놓고
영원히 신토불이를 북미 땅에 심을 터.

이민 그리고 애환

부푼 꿈 부여안고 북미에 둥지 틀어
한 알의 밀알 뿌려 신토불이의 꿈
다 만족 인종 편견에 허망이 무너졌네.

시리도록 잔인한 고국산천의 향수를
눈보라 허허벌판 저 멀리 날려 보내고
속없는 그리움으로 흐느끼고 있구나.

저당 잡힌 이민의 벽 빗장 풀지 못하고
표류하는 나룻배 향방 잃고 헤맬 때
홀연히 귓가를 울린 성령의 계시 받아.

이끼 낀 유교 세습 훌훌 털어 버리고
무에서 유를 찾는 소망 은혜 받고 보니
이제야 하늘의 섭리 깨달아 기도하네.

불법체류

칼바람 불어오는 자작나무 숲에 앉자
시름없이 뿜어내는 담배 연기는
이방인 향수 달래는 슬픈 오열이어라.

어깨를 짓누르는 북극의 짐짝들을
벌거숭이 알몸 감추듯 휘감아 안고
허기진 기다림으로 살아온 지 수 삼 년.

표연飄然히 쏟아지는 낙엽의 소리를
여러 해 들어오고 또 새해를 맞이해도
막연히 기다려야 할 더부살이 설움인 것.

형벌같이 조여 오는 잔인한 쇠사슬을
공작의 날개 펴듯 가슴 쓸어 애무하며
저 홀로 절규를 한다, 내일이 있잖아, 내일이.

레드스톤 호수에서(Red Stone Lake)

물안개 피어나는 호숫가 언저리에
자연적 생성된 향기로운 회색 내음
한 호흡 길게 마시면 신선이 따로 없어라.

경이로운 성야여, 황홀한 절경이여
이곳이 정녕 하늘이 내린 안식처라면
이 한 몸 풍광에 취해 한 백년 살겠네.

더덕더덕 응고된 문명의 소모품을
하루만, 단 하루만이라도 벗기어 주소서
신이여, 넓은 대지여, 이 소망 들리는가.

송림 사이로 쏟아지는 햇살 무늬는
머슬머슬 부푸는 사춘기 젖무덤 인양
터질 듯 애무를 하며 호수 속으로 잠식한다.

산새들의 '코러스' 산천이 수선스럽고
얄밉게 굴리는 동공의 '스킨십'은
새 손님 유혹하려고 저리도 재잘대고.

추색을 앞세운 철 이른 단풍나무야
녹음 속 구릿빛 얼굴이 그리 싫다더냐
서둘러 허물을 벗은 그 까닭이 무엇이냐?

공활한 가을날 새 단장이 그리웠나
철없이 내돌리던 요염한 그 추파를
헤프게 내돌려서는 어쩌란 말이더냐.

솔아 솔아 우뚝 솟은 관솔 소나무야
독야청청 학과 같은 푸른 절개를
팔색조, 화류계에게 흔들릴지 말지어다.

로키의 눈물

장엄히 우뚝 솟은 태초의 설봉들
잔인한 문명 앞에 속살은 드러내
수 만년 쌓인 설벽들 시나브로 녹이고.

하늘이 무너지듯 쏟아지는 눈덩이
찬란히 은백색 설봉으로 둘러싸여
골골이 파들거리며 로키를 덮친다.

찌끼고 할퀴며 엄청난 눈보라에
중량 잃은 노송들은 몰골이 되어
자신의 상처 부위를 눈으로 '매스' 하고.

극과 극 사이에 마주 보는 처녀봉들
정녕 이것이 조물주의 작품이라면
이토록 무기력하게 무너질 수 있는가?

로키의 영혼들이여 살갗이 녹여내려
최후가 된다 해도 자연에 엄숙하라
문명은 이미 정해진 것 순응할 수밖에.

기러기 가족

여의도 나루 큰 집 옆에 잡연鳶들이 펄럭인다
혼례 하자는 쌍 연들 헤어지자는 방패연
그 셋 중 무서운 연은 꼬리 치는 꼬빡연鳶.

학부모 치맛바람 학교로 학원으로
촌지 들고 설쳐대 중병 앓는 훈장님들
그릇된 학문 정책에 교육은 몸살 앓고.

도망치듯 건너온 이역 하늘 설원의 땅
기러기 학부모들 제 버릇 못 버리고
안에서 새는 쪽박들 밖에서도 샌다 했나.

가정부로 식당으로 피같이 모은 돈을
하룻밤 유흥비로 흥청대는 유학생들
고국의 부모님들은 모르실까 아실까.

허영의 날개를 단 끝없는 욕망들은
친구 따라 강남 가듯 철없이 유학 보내
내 자식 박사 됐다고 동네방네 자랑 일색.

씨엔 타워에서

문명의 거인 하나 등대 불 밝힌 자리에
매어 달린 구름 속에 가을 연가 부르면
새침한 초저녁달이 비수처럼 꽂혀 온다.

까치집 둥지 안으로 파고드는 그리움을
흩날리는 연이 되어 멀리 날려 볼까나.
직녀성 북극성 너머 은하수를 바라본다.

무르익는 늦가을의 역류하는 외로움을
가물대는 등대 위 이름 석 자 날려보니
시야는 파들거리고 고국 소식 찐득인다.

2부

오월이 오면

아카시아 꽃

아카시아 숲속에 심호흡 길게 하면
발짝마다 그녀 모습 메아리가 되어
못 이룬 첫사랑 정에 추억을 마신다.

아카시아꽃 한 아름 가슴에 안기며
송알송알 두 눈에 이슬 맺히던 그녀
수줍던 댕기 아가씨 어디서 무얼 할까.

날 바람 인생 굽이돌아 반백이 되어
그리움에 찾아온 임진강변 들녘엔
무심한 아카시아 꽃잎만 표표히 나부끼는데.

우리의 소원은 통일

_통한의 삼팔선

임이 떠나던 날 삼라만상이 서러웠죠
대지도 산야도 운무 속에 묻혀 울고
허허히 떠도는 바람도 하늘을 원망했죠.

영면하신 임이야 편안은 하시겠지만
임 잃은 동포들은 어찌하면 좋으리까
할 일은 아직 남았는데 무엇이 급했나요.

사악한 천둥소리에도 바위 같던 선생님
세월에 장사 없다 갑작스러운 서거에
못다 한 통일 노래가 땅을 치고 웁니다.

한 하늘에 같이 못 한 골육지친 원한을
한핏줄로 어우러짐을 숙명처럼 지키려다
그 몹쓸 이데올로기에 허망이 무너지고.

기약 없는 통일의 꿈 이룰 날을 염원하다
암울한 그늘 끝자락에 유명을 달리하신
선생의 높으신 얼을, 여명餘命 바쳐 따르겠습니다.

〈안병원 선생 영전께 드리는 글〉

• 동요 『우리의 소원』의 작곡자 안병원 선생이 캐나다 토론토에서 2015년 4월 5일 향년 89세로 별세.

임진강의 메아리

붉게 물들은 임진강변 북녘의 저쪽
누누히 비춰오는 어둠에 불빛들을
올해도 바라만 보다 신기루가 되었지요.

모란봉 을밀대 대동강의 부벽루를
산보하던 심순애와 이수일의 순애보
그 전설 한참 그리워 소리 죽여 울었지요.

미치도록 그리워 찾아갔던 임진강변
청초했던 갈대 싹 퇴색된 지 반여 성상
길 잃은 기러기 떼만 남북을 가고 오고.

대붕의 비상도 날개도 세월에 꺾였는가
밀물처럼 밀려오는 통일의 그 염원을
올해도 소망만 빌다 망부석이 되겠지요.

철책선의 침묵

철책선 민둥산에 아침 햇살 물들면
칼바람 철조망 사이 남북을 기웃대고
박제된 언어 파편만 허공으로 흩어진다.

국경이 막힌 지가 반세기가 지났어도
단세포 이분법을 떨어내지 못하고
녹슬은 만신창이로 마주 보고 섰구나.

흰색이든 붉은색이든 혈통은 오직 하나
백의민족 뭉치면 모두 다 우리 것인데
노쇠한 이데올로기에 냉가슴 앓는 겨레들.

실향민 망향제가 마지막을 기원하며
여러 해 바리바리 조공 주듯 도왔건만
아직도 북녘땅에는 냉랭한 기류만 흐르네.

3·1절은 허상인가

하늘이 진노하고 땅은 광풍이 치던
기미년 삼월 초하루 아우내 장터에
가냘픈 꽃씨 하나가 천지를 진동시켰다.

이름하여 민족의 독립을 갈망하는
조선의 '잔 다르크'의 유관순 열사
그 이름 거룩히 빛난 천안의 불사조여라.

그 여파에 대한의 독립은 이루었으나
허물만 바뀌었을 뿐 남은 잔재들은
무지한 흑백논리에 경도돼 있습니다.

모두 숨들을 죽이고 의기소침합니다
긍지도 민족의 단결심도 잃었습니다
달콤한 꿀물에 취해 해바라기가 됐습니다.

순간만 넘기려는 안일한 생각뿐입니다
흑백논리로 소득 없는 싸움들만 합니다
반쪽의 절름발이로 뒷걸음치고 있습니다.

누구 책임입니까? 친일 세대 유산입니다
당신들이 뿌린 씨 당신들이 해결 못하면
사후에 후손들에게 무슨 말을 할까요?

젊은이들 탓으로 돌리지 마십시오
변명은 또 다른 무능을 잉태할 뿐
노쇠한 시야를 고쳐 밝은 세상을 만듭시다.

양키와 일제에 한반도가 농락당하고
오랑캐, '로스케'에 무단 점령 당하고
레닌과 '부르주아지' 사이에 숨을 죽이고.

파란 하늘을 우러러 독립을 외치던
유관순 누나의 빛바랜 태극기가
오늘도 아우내 장터서 펄럭이고 있는데.

열강들의 횡포

다마내기 착착 썰어 된장에 끓여
쪽바리 불러 모아 시식케 하였더니
왜 기생 맛있스므니다 조센진 음식이노.

양배추 착착 썰어 고추장 '버터' 풀어
자글자글 끓여 '양키'에 진상하니
양 기생 베리 원더풀 작은 고추가 맵습니더.

왕만두 조선 떡국에 끓여 비단 장사에
진상하니 왕 서방 '띵 호아 띵 호아'
호 기생 군침을 흘리며 호떡집에 불났어해.

로스께 '보드카'에 속지 마라 일렀거늘
짜가 골동품 숱해 받은 맹추 조선 된장
러 기생 늘씬한 미모에 녹아난 위정자들.

미국을 믿지 마라 소련에 속지 말자
일본은 일어서고, 중국은 음흉하다
열강들 아전인수에 이끌려온 한반도여.

오월이 오면

_광주 망월동 묘역 영령들의 명복을 빌며

누군가 말했지요. 5月은 훈풍처럼
따사로운 계절! 5月은 내 사랑하는
손길이 피부에 닿는 미덕을 지녔고.

그러다가 금세 뜨거운 태양을 안기어 주는 5月이라고! 이렇게 멋진 5月에 뚜벅뚜벅 걸어온 군화 발은 반도 강산을 짓밟았습니다. 군화 끊은 풀어지고 발에 익숙지도 않은 신사화를 신고 나와 조국이여! 민족이여! 외쳐대며, 자기들만이 애국자인 양 자유의 가면을 쓰고 민주의 꽃을 유린하였습니다. 5·18 주역들, 사악한 무리들에 애꾸가 되고 꼽추가 되어 광야에서 콜록이고 있습니다. '네로'같은 무리들이 악을 쓰며 당신들 영혼까지도 살육하고 있습니다. 망월동 환부는 곪아 터져 '메스'의 손길을 기다리고 있습니다. 인혁당 혼령들이 원한의 나비 되어. 우리들 곁에서 서럽게 울고 있습니다.

이것이 민주주의입니까? 누구를 위해 저항을 하였습니까? 누구를 위하여 그렇게 처참히 죽어야만 했습니까? 차라리 소, 개같이 살았으면 이렇게 아프진 않았을 것을! 그러나 저는 믿습니다.

임들의 혼이 있는 한 영혼이 있는 한
언젠가는 민주의 꽃이 활짝 필 것을
꽃같이 낙화된 영령들! 고이 잠드시라.

택시 운전사

운전도 정신없이 마음도 바쁜 데로
허위단심 찾은 길 천리보다 더 먼 길
비좁은 골목길 위를 들쥐 모양 찾아 들면.

적막한 밤 정적만 나른한 몸 휘감아
오늘은 무사하고나 안도하고 있을 때
무장군, 군화발 소리에 밤새도록 떨었고.

다음날 저항 세력은 자취 없이 사라져
칠흑 속에 하나둘 그렇게 죽어 갔지
그것도 그들에게는 행복한 죽음인 것을.

쇠심줄 같은 목숨 끊을 수 없어서
허기진 배 움켜지고 집이라 찾아들면
메마른 기침소리만 실내공기를 가른다.

『택시 운전사』를 보았다. 여기서 전두환의 말을 들어보자, 그들이 왜 빨갱이로 폭도로 몰려 죽어야 했는지 그들이 왜 지금까지 빨갱이로 불리며 수십 년을 고통 속에 버텼어야 했는지, 나도 그 진실을 알고 싶다, 『택시운전사』를 보면 시민들을 조준해서 계엄군들이 사격하는 장면도 나오는데, "그거는 완전히 허위 날조라고!"했다. 아직도 이런 괴변을 하고 있으니……

바보 노무현

동남쪽 끝에 큰 별 떨어졌습니다
그 이름 국민 아버지 정신적 지주
차마도 보낼 수 없어 가슴에 묻었지요.

가신 후 하늘도 땅도 바다도 울고
육신은 떠났지만 영혼은 우리 곁에
가진 것 많다 하지만 모두 잃은 당신.

정의를 평생에 멍에로 짊어지고
힘없는 노동자 앞에선 순한 양이 되다
권력과 독재 앞에선 서릿발 같던 당신.

진실과 신념을 하늘에 약속하고
민초들 앞에선 두 무릎을 꿇었고
강자들 앞에만 서면 당당하던 당신.

실리 찾아 신의를 초개같이 배신하는
썩고 병든 흙탕물 소용돌이 속에서
독재와 타협치 않은 의연했던 당신.

의리를 목숨으로 지킨 외로웠던 당신
갈망하던 문'文'이 활짝 열렸습니다
불굴의 바보 노무현 편히 영면하소서.

묵은해를 보내며

빛바랜 낙엽 한 장이 얼룩만 남기고
어둠 속 저쪽으로 사라져 갔습니다
시간은 창조주 계시에 흐트러짐 없는데.

피조물들은 그 계시에 다소곳하지 못했습니다. 마치 큰 강이나 산을 넘는 것처럼 야단들이었지요? 그렇게 세월의 상처만 주고 한 해를 다난多難하게 보냈습니다. 아니 애써 상처를 만들어 주었지요? 칙칙 폭폭 기차 소리, 쏴아 쏴 바람 소리, 뜨악한 구름 울음엔 항변 한 번 못 하고 무언의 침묵으로 일관했습니다. 항거할 때 항거 한 번 못하고 불의와 정의를 부르짖지 못하고 그늘진 곳에서 빈 수레만 요란스레 굴렸습니다. 방아깨비 춤추듯 남의 잘못엔 신이 오르다 정작 자신 일엔 시치미를 떼곤 슬쩍 넘어가기도 했습니다. 남의 칭찬엔 인색하면서 내 가정 내 자식 칭찬에 열을 올리는 분들의 궤변을 들어주는 인내도 한계가 있었습니다.

저항시 하나 그리지 못하고 시조인 이랍시고 서정에만 얽매어 비분강계만 했습니다. 하늘, 파도, 구름, 바람, 자연의 노래나 줄기차게 불러 댔지요? 그렇게 남의 글이나 혹평하며 혼자 잘 났었습니다. 은근슬쩍 남이 차려 놓은 반찬도 많이 훔쳐 먹었습니다. 그 맛이 달아야 했는데, 오히려 썼습니다. "왜냐고요? 내 것이 아니었으니까요?" 그렇게 허세를 부리며 고결한 가면을 쓰고 또 한 해를 보냈습니다. 대추나무에 연 걸리듯 잘못을 구랍舊臘 달에 풀어 보자니 차마 부끄럽습니다.

동포 여러분 마지막 달에 세배 드립니다
올해 역시 행불행 수고 많이 하셨습니다
새해는 하시는 일마다 만사형통하십시오.

새해엔 되풀이 안 되게 달력 앞에 다짐합니다.

오해

_어느 탈북자의수기

남자는 파리하게 초췌 되어 있었다
초점 없는 눈동자는 늘 몽롱했다
이따금 심해에 빠진 듯 한숨을 토해냈지.

한 번쯤 가식적 멋진 폼이라도 잡아 봄직한데 그에게는 그런 용기조차 찾을 수가 없었다. 늘 구석진 의자에 앉아 모닝커피를 시켜놓고 카운터 쪽을 향해 살풀이하듯 중얼거린다. 싸늘하게 식어버린 커피는 온기마저 식은 지 오래됐는데 남자는 한날한시 마담 쪽을 응시하는 것이 그날의 일상이었다. 남자의 눈총에 시달린 마담은 불쾌한 표정을 지으며 그에게 다가와 쌀쌀하게 말을 한다. "손님 무슨 곡절이 있는진 모르나, 손님이 바라보는 시선에 제 얼굴이 달아오릅니다. 앞으론 저의 가계에 안 오셨으면 합니다." 마담의 말속에는 비즈니스의 계산도 포함되어 있었다. 침묵을 금으로 보내던 남자는 마담의 말에 아무런 대꾸 없이 창밖을 물끄러미 바라보다, 반사적으로 일어나 현관문을 빠져 희적 희적 저쪽으로 사라졌다. 그날 후론 남자는 다방엔 나타나지를 않았다. 마담은 그에게 매몰차게 한 것이 마음에 걸렸다. 미안함이 기다림, 기다림이 미련, 미련이 연민으로 바뀌기 시작했다. 그러던 어느 날 남자로부터 한 통의 편지가 날아왔다. 고귀하신 여사님! 그동안 편안하셨는지요? 단도직입적 글월 올립니다. 제가 여사님 업소를 자주 간 것은 여사님 등 뒤 벽에 걸려 있는 여성의 사진을 보기 위해서 갔던 것이죠. 아직도 그 그림이 그 자리에 걸려있는지요? 얼마 전 사별을 했는데 그 사진이 저의 집사람과 너무나 닮아 거기를 가면 혹시 저의 아내의 영혼이라도 느낄까 해서 기대를 하고 갔던 것이지요. 남자의 편지를 받아본 마담은 아찔한 현기증을 느끼며 말초신경까지 곤두섰다. 남자의 처연한 글이 자신에 대한 촌철살인이 된 것이다.

남자가 바라본 여인의 사진을 자신으로 착각한 것이 부끄럽기까지 했다.

마담은 자신의 비정함과 어리석음을
자아비판을 하며 그를 기다렸으나
남자는 끝내 그 자리에 나타나지 않았다.

지금도 그 자리에는 여인 사진 걸려 있을까?

초당에 홀로 앉아

봉당에 무서리 오니 오동잎이 뒹굴고
문풍지 틈 사이 황소바람 들어오면
두고 온 동포 가여워 집도 절도 싫구나.

새벽 서리 찬바람에 북으로 나는 기러기야
명년에 다시 올 땐 평화 선물 듬뿍 싣고
남한 땅 부모형제에 뿌려주면 어떠하리.

한핏줄 한 후손인데 무슨 원한이 그리 커
일세기를 기다려도 돌고 돌아 다시 제자리
아가야 벼루 묵 갈아라, 통일 노래 부르련다.

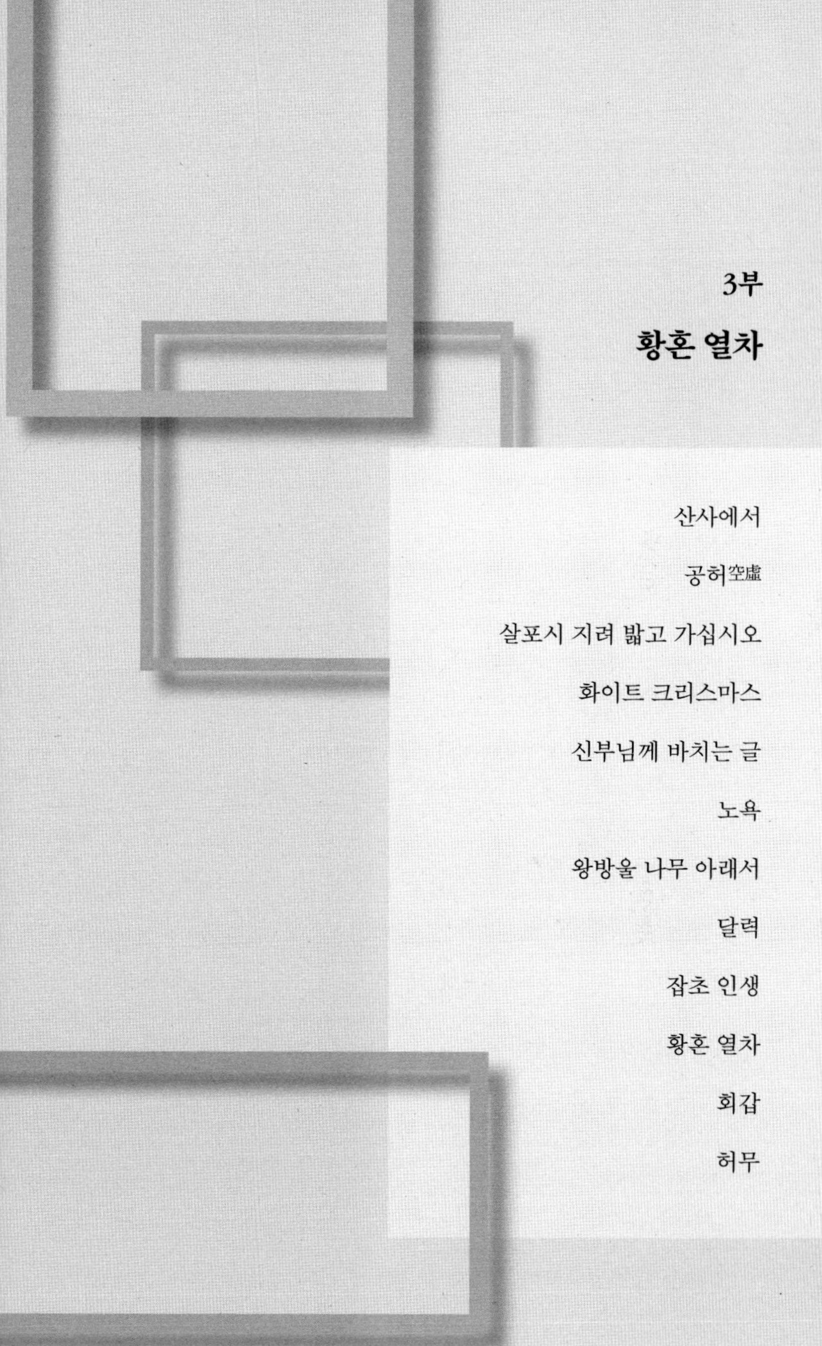

3부

황혼 열차

산사에서

공허空虛

살포시 지려 밟고 가십시오

화이트 크리스마스

신부님께 바치는 글

노욕

왕방울 나무 아래서

달력

잡초 인생

황혼 열차

회갑

허무

산사에서

산사의
풍경 소리 고즈넉이 들려오면.

산마루 저녁놀이 붉게 붉게 물들고.

목탁석木鐸夕
불경 소리에 고뇌하는 나그네여.

돌아보면 남은 건
공수표의 백지인데.

이정표 없는 속세에
방황하는 인생들아.

노승의
해탈성불解脫成佛에 만감이 교차한다.

공허空虛

하늘가 높은 곳에 비행기 떼 나르고
수평선 넘어 엔 은빛 노을 울렁이는데
속세의 삼라만상은 문명이란 허상인가.

지평선 저 먼 곳엔 뭉게구름 피어나고
끝도 없이 이어져 나간 저 넓은 공간은
창조주 하느님만 아실 환상 속의 신의 작품.

알이 먼저냐, 닭이 먼저냐, 인간의 속내
능력으로 풀지 못할 영원한 숙제라면
한세상 무상무념 속 그리 살다 가세나.

살포시 지려 밟고 가십시오

_교황님이 가시고 난 뒤에

임은 많은 숙제를 주고 가셨습니다
임은 많은 의미도 주고 가셨습니다
하오나 저희들에겐 그 참뜻이 어려웠습니다.

임은 향기 가득한 꽃을 주고 갔습니다
임은 충만이 넘친 은혜도 주고 갔습니다
하오나 우리들에겐 그 충만도 못 누립니다.

임이 가신 후 남은 건 투명치 못한
구설들만 허공을 떠돌아다녔지요
하오나 저희들에겐 그 암시도 몰랐습니다.

향기 나는 꽃들과 독버섯 꽃들은
자기 꽃들이 더 향기가 난다며
교황님 심오한 뜻도 모르고 싸웁니다.

향기 속에 취하여 방황하는 꽃들
달콤한 독에 취하여 유혹당한 꽃들
저마다 은총 모르는 무딘 미개인이라서.

화이트 크리스마스

백설 꽃 피었네 백설 꽃 피었네
아기 예수 백합 땅에 고고히 성을 치고
내일의 소망을 안고 이 땅에 임하셨네.

괴롭고 가냘픈 짐짝들 짊어지려
동정녀 마리아 탯줄에 안기시어
영롱한 하늘 문 열고 이 땅에 임하셨네.

에덴의 동산에서 인류를 구하시려
사막의 광야에 은방울 소리 드높이며
영원한 천국 세우려 이 땅에 임하셨네.

언덕 위에 빨간 벽돌집 촛불 흐를 때
은혜의 메아리 꽃사슴 뿔 끝에 매어
복음의 선물을 싣고 이 땅에 임하셨네.

천사들 찬미 소리 온 누리를 울려오면
사악한 마음에도 구원의 눈을 내리며
성탄목 세우시려고 이 땅에 임하셨네.

백설 꽃 피었네 백설 꽃 피었다네
구유 통에 태어난 동방의 그리스도
인류의 구세주 되어 영원한 등불이어라.

신부님께 바치는 글

남에는 백제 고적 성토 남한산성
북에는 청수 한강 맑게 흘러가는
하남에 고고히 태어난 최 몬 시뇰 신부님.

봉수대 성화 불은 붉게 타오르고
병자호란 유서 깊은 '수호 장대'에
등대의 횃불이 되신 거룩하신 신부님.

북미의 꿈을 안고 온 이역 땅에는
한줄기 애환만이 메아리로 떠돌아
설핏한 고국 향수가 절절히 배어나.

'세노야' 배따라기의 구성진 음률
팔당 강을 오가던 동심의 추억들이
진한 피 시리도록 그리움만 남아돌아.

쓸쓸히 저물어가는 황혼의 뒤안길에
이승에 부질없던 일 훌훌 털어 버리고
후세엔 동방박사로 다시 환생還生 하소서.

노욕

열두 폭 빛바랜 채색된 수채화는
장장마다 상처로 얼룩으로 녹이 슬어
다듬고 새김질해도 공허함만 남더이다.

대지를 덮치는 눈송인 위선의 복장인가
쓸어도 닦아도 아물지 못하는 상흔들
구랍舊臘의 끝자락에서 홀로 몸 추스르고.

무슨 사연 그리 좋아 그렇게 웃었던가
무슨 한이 그리 많아 그토록 울었던가
이정표 갈림길에서 향방 잃은 벗님네여.

눈치코치 백치로 살아온 세월들은
너절한 욕망들로 탐욕의 씨앗 되어
외눈 박 청맹과니로 살아야만 했던 날들.

명예도 물욕도 부질없다 하였거늘
어찌 그 자리서 헤어나지 못하는가
한 가닥 남은 가지엔 삭풍만 이는데.

왕방울 나무 아래서

세월의 강 돌고 돌아 찾아온 옛 교정
까까머리 동심들 모두 떠난 빈자리엔
노쇠한 왕방울 나무만 노시인을 반기고.

아버지같이 든든한 언덕 같던 네 모습이
어머니 가슴속 같은 포근하던 너의 품이
사악한 문명에 치여 몸살 앓고 있구나.

너의 그늘 아래 둥근 원형 그려 놓고
땅따먹기 승리에 도취된 어린 제자에
환하게 웃어주시던 교장 선생님 그립습니다.

공활한 운동회 날 청백으로 나뉘어서
앙칼진 두 눈 부릅뜨고 승리한 기마전에
천하를 다 얻은 듯이 호걸처럼 허허댔지,

서슬 퍼런 교감 선생님 사친회비 재촉에
둥당이는 가슴 안고 너의 등에 숨어들면
참아라 오늘은 쓰지만 먼 훗날엔 약이니라.

가훈 같은 명언을 고이고이 간직했다
반백에 찾은 교정엔 낙엽만이 뒹굴어
알싸한 추억들만이 상기 아니 어립니다.

달력

한세상 살아온 길 가시밭길이라 했지요
돌아보면 잘못은 많고 한 일은 없었는데
한 옴큼 묶여진 인생 번뇌만 남았구려.

마지막 낙엽 한 장 매몰차게 떼어 내어
열두 절 사연들을 한 올로 동여매어
잘 가오 한마디 인사는 악연만 남았어라.

가시 돋친 허튼 언사 가시가 되고
미움이 되고 원한으로 차고 넘치는데
차마도 모진 말들을 그리 쉽게 하였던가.

묵은해 뒤로하고 다시 온다 언약한 말
구만리장천에 마지막 남긴 한마디
그대여 속세의 인연 뜬구름이라 하더이다.

잡초 인생

난세 속 풀씨 한 알 고고히 태어나
오가는 발길에 무수히 밟혀 오다
잡초 밭 황토길 위에 어지러이 피었네.

많은 나날 밝히며 몽상 꾸던 젊은 날
서리서리 쌓인 한 나이 태에 응고돼
험한 길 가시밭에서 뜬구름만 잡았고.

청산에나 있을까, 청강에서나 있을까
명약 찾은 오십 성상 희한만 남아있고
욕망은 한낮 꿈인 것 마음의 병이 되어.

많은 해 보내고 되돌아본 발자취는
부질없는 욕망들로 인간 덫에 얽매어
하늘 뜻 거스른 죄는 희한만 남더이다.

황혼 열차

마지막을 알리는 5호선 길동역
구부정한 노부부가 계단을 오른다
꺼질 듯 허우적대며 난간 의지한 채.

한 계단 두 계단을 오를 때마다
가쁜 숨 뿜어나고 구슬땀을 흘려도
벌겋게 상기된 영감 소리만 질러댄다.

뭘 하고 있는 겨, 언릉 오지 않고
수북이 입술 모은 불 먹은 소리에
불현듯 서두르지만 고정된 육신의 고통.

침묵을 숙명으로 결박당한 나날들
탓할 일 없다고 그러려니 하면서도
한 번쯤 투정하련만 입만 우물거리고.

그러니 어쩌겠소. 부부 만남이 웬순 걸
못났어도 내 영감 잘났어도 내 영감님
후세에 다시 태어나도 당신밖에 없소이다.

회갑

_어머니 회갑에

기러기 날개 돋다 훨훨 날을 때까지
폐백닭 홰를 치며 울음을 울 때까지
언약한 백년가약이 어제 일 같았는데.

에둘러 돌아서보니 황혼의 종착역
층층시하 가지마다 지친 세월들은
때로는 곱기도 하고 밉기도 했지요.

자시하慈侍下 찬 서리를 보듬어 안고
당신 것도 내 것이오 모두 다 내 것을
주춧돌 큰 디딤돌로 버티고 살았지요.

호젓한 정좌正坐로 회갑 상 받아놓고
엄시하嚴侍下 앞세운 식솔이 가여워
삼삼한 그리움으로 눈에 어린 영감님.

쉼 없이 출렁이고 온 인고의 밭길을
한 올 한 올 풀어내 푸념도 하련만은
불효도 행복했다고 아픈 속내 애써 감추시네.

자시하慈侍下 : 아버지가 돌아가시고 어머니만 모시는 처지,
엄시하嚴侍下 : 자시하의 반대,
나무 기러기가 어떻게 날것이며, 폐백닭이 어찌 날겠냐만, 그만큼 부부의 정이 두텁다는 뜻

허무

된서리 찬바람에 깊어가는 만추여라
타는 듯한 색동옷을 허리에 두르고
철새 들 깃털 세우고 북극해를 바라본다.

재촉하는 발길엔 저물어가는 늦가을
가지마다 앙증맞게 오들대는 나뭇잎
가쁜 숨 내몰아쉬며 할딱이고 있구나.

젊은이여 단풍 보고 흥겨워하지 마소
초로의 백발 그 모습 닮아 서러운 데
천년도 하룻밤의 꿈 한순간에 그대들 것.

오묘한 자연 이치 창조주의 섭리를
만물 영장 인간이 순응하지 못하면
내세에 하느님 만나 무슨 말을 전할까.

4부

인왕산을 바라보며

봄이 오는 소리

애잔한
봄바람 옷깃 스친 양지 녘에.

노랑나비 아지랑이 금잔디 위 하늘대고.

새싹들
수줍은 듯이
춘설春雪 속에 고개 든다.

계곡마다 겨울 흔적
시리게 흘러내리면.

알싸한 봄내음에 청산이 흥청대고.

산 색시
종다래끼는
멧나물로 풍성하다.

춘삼월
꽃의 향연 지천으로 흐드러져.

안산 넘어 구릉지에
진달래로 만개하면.

자목련
움 트는 소리에
복사꽃도 시샘한다.

열여덟

숫처녀 호드기 구성지면.

떠꺼머리총각 설레는 맘 애틋한데.

알알이

여무지는 봄

선하품에 졸음 오네.

목련

꽃샘추위
시리어 회색 고리 두르고.

새치름히 고개 숙여 뭇시선 피하다.

마파람
낯간지러움에 화들짝 놀라서.

우아한 자태로 속눈썹 드러내
남쪽에서 올 봄 손님을 기다리나
그대가 찾는 낭군은 어디에도 없어라.

어찌할꼬
향기 없는 그대 짧은 생애.

긴긴밤 소쩍새 울음에 낙화되는 목련이여.

뉘라서
그대 모습에 슬프다 않으리오.

보리

이슬 밭도 수줍다던 여리던 네가
노고지리 울부짖음도 서럽다던 네가
장끼 놈 산고 소리에 화들짝 놀라서.

참빗 까끄라기 마디마디 고두 세워
오뉴월 푸름에 화촉을 밝혀가며
만삭의 몸 부풀리며 알알이 영글다가.

표독한 엄처시하 슬며시 변하더니
여름내 황금벌의 위용을 떨쳐가며
반환점 어정칠월은 망종의 절기에…….

서슬 푸른 사령들 함거 속에 끌려서
세 가닥 육모방망이 멍석말이 당하니
새 각시 수줍음 타던 그 시절 그리워라.

억새꽃

꽃샘추위 옷깃 여미는 잔설 속에
맹아 움 트는 소리 모태에서 스멀대고
첫 일성 산고의 진통은 천지를 진동한다.

삼사월 초록빛 아래 난산으로 태어나서
오뉴월 태양빛 받으며 오만 독선 떨다가
초가을 문턱에 들어 금시에 백발이 되어.

첫서리 내린 만산홍엽 넓은 벌판 위
그림 속 동화 속에 수채화 그리다
아련히 사라져 가는 억새의 꽃이여.

흔적을 남기지 말라, 자취도 버려라
자연의 지엄한 섭리 금시에 잊었는가
저 홀로 떠난 자리엔 고독만 남더이다.

잡신

이겨라 붉은 악마들아 미친 듯 소리쳤다
흥분을 누를 수 없어 청심환을 먹었다
그래도 진정이 안 돼 소주 두 병을 꺼냈다.

한 병을 먹을까 두 병을 먹을까 망설였다
두 병을 먹으라고 내 안의 신이 유혹한다
아니야, 한 병만 먹어 또 하나의 신이 반대다.

무아의 경지 속의 두 병을 모두 마셨다
결과는 우리가 졌다 가슴이 먹먹하다
한 병만 먹으라던 신이 머리를 매섭게 친다.

허탈한 마음 주체 못해 천장만 응시했다
오형색색 무늬가 눈앞에 어른거려온다
상대방 응원단들의 광란의 아우성이다.

승리의 여신은 나의 마음을 외면했다
나의 오판은 대한민국 오천만을 울렸다
죄인은 저로소이다, 내 안의 신은 잡신이다.

〈2002년도 세계월드컵 4강의 신화를 만든 우리 축구팀 붉은색 유니폼, 상암동 축구장〉

소양강

강이 고함을 친다 엄청난 위력이다.

해빙에 헤어나려는 몸부림인가
쩌엉쩡 찢어지는 굉음 강산도 떨고
안개 자욱한 곳 봄바람 살랑이면
어부는 풍어 꿈을 안고 어망을 만진다
삐거덕 삐거덕 배따라기 소리 구성지면.

강물은 신기루처럼 하구로 흐른다.

석별의 정

파도가 친다, 보내는 아쉬움일까.

하얀 거품을 뿜으며 밤새 울었다
파도야 서러워 마라 이별은 다시
만나는 약속 만나고 헤어지는 건
인간이 거역할 수 없는 하늘의 뜻.

언젠간 또 만나려니 철석 철석 철석.

'쿠바' 한인들과 헤어지기가 서러워 파도를 배경으로 이별을 했다. 단시일에 쿠바에 대해 무얼 알겠느냐만, 쿠바 한인 2세들이 이곳에 정착한 이유는 여러 가지 설이 있지만, 1904년 을사늑약 체결이 되자, 위기를 느낀 한국인은 하와이로 이민을 갔다. 풍랑을 만나 일부는 바다에 떠돌다, 이곳으로 흘러들어왔다 한다. 그때 200여 명이 왔으나, 파도에 떠밀려 죽고, 겨우 70여 명만이 구사일생 살아났다 한다. 그 후손이 한인촌을 이루고 살고 있는데 생활수준이 우리나라 6·25 때와 같다. 'Fidel Castro'가 혁명을 일으켜 미·소련에 붙어 기생하여 오다 소련이 원자탄을 쿠바에 설치하자, 1960년 미국 존 에프 케네디와 소련 흐루쇼프와 원자탄 장진, 아슬아슬한 순간은 '흐루쇼프'가 손을 들어 위기를 넘기는 이른바 쿠바 위기 큰 사건이었다.

인왕산을 바라보며

한 허리 휘휘 돌아 찾아온 청계 냇가
산천도 인걸도 그 어디에도 없어라
육백 년 옛 도읍지에 심취한 나그네여.

염색된 맑은 물에 밝을 담근 길손아
물은 물이로되 옛 물이 아니라 서럽네
무심한 원앙새 한 쌍 한유하게 노닐고.

하늘을 찌를 듯 치솟는 물보라는
조선조 슬픈 사연 켜켜이 묻어나
어쩌다 끔찍한 비운 여기서 맞았던가.

호랑이 울던 인왕산 천혜 요새에
무학 대사 해몽이 전설처럼 묻어나는
서까래 임금 왕자가 저녁놀에 비쳐오네.

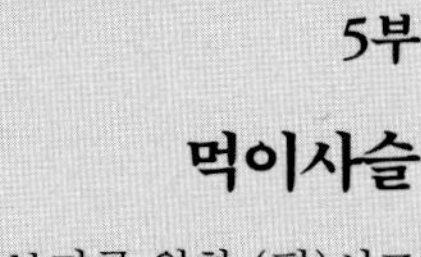

5부

먹이사슬

_초보자를 위한 (평)시조

첫사랑

늦가을에 청취는 옷깃을 여미게 하고
아련한 첫사랑은 노을 속에 숨어드는데
쇠잔한 매미 소리만 그 옛날을 반추시키고

서럽게 스며드는 어린 시절 동심은
옛날이나 지금이나 만추 노래 떠올라
짝사랑 그리운 정에 가슴 저려서 울었네.

가엾은 어머니

두둥실 떠도는 한 조각 새털구름
변화무쌍한 요술쟁이 요염한 그림
울 엄마 가녀린 얼굴 그 모습 그렸어라.

작열하는 태양 아래 검은 구름 조각
하얀 손수건 머리에 질끈 동여맨
울 엄마 검게 그을린 그 모습 닮았어라.

설핏한 노을에 비친 참빛 비늘구름
만고풍상 겪은 억척스런 초상화 그림
울 엄마 매운 회초리가 하마 그립습니다.

영정

내일 내일 또 내일 미루다 찾지 못한
사촌 형 영전 앞에 목이 매 오열하며
생전에 뵙지 못한 죄 어찌 다 말하리오.

부모님 꾸지람이 야속하고 서러워
언덕같이 의지하던 형님께 의존하면
참아라 이르던 말씀 어제같이 들리는데.

먹이사슬

악어들이 해상을 향해 군침을 흘린다
게슴츠레 눈을 뜨고 수면으로 떠오르며
비좁은 무리 사이를 비집고 들어온다.

뻥 뚫린 하늘 아래 오로지 먹거리라곤
해상에서 들어오는 황금 알 식인종
이윽고 오색찬란한 먹이가 하선을 한다.

마흔다섯을 삼킨 악어는 트림을 하며
목적지 정상을 향하여 질주를 한다
내일은 어느 먹이가 만선을 채워줄까.

※노르웨이 산간벽지 조용한 어촌 허기진 악어가 관광객을 기다리는 것을 배경을 넣어보았다.

들 토끼

옹색한 '가든'에 무례한 상추 도둑
좌우를 살피는 앵두 같은 붉은 눈
후다닥 뜯어 먹고는 삼십육계 줄행랑.

첫눈

소리 없이 왔다가 하염없이 사라진
야밤 밤도둑 같은 하얀 그림자
그 흔한 입맞춤도 못한 야속한 손님아.

춘정

봄 향기 새김질하는 애기봉 넘어서
높새바람 살며시 살 속으로 파고들면
나른한 봄 향기 속에 애타는 낭랑 십팔 세.

교훈

가슴을 콕콕 찌르는 아픈 언사들
가슴을 뭉클하게 하는 위로의 말씀들
한세월 지나고 보면 모두 선생님 말씀.

추석

다시는
안 볼 듯이
훌쩍 떠난 고국 땅.

이방인
테두리에
채워진 타국 생활.

제사상
홍동백서*가
매몰차게 후려친다.

*홍동백서紅東白西: 제사상을 차릴 때, 붉은 과일은 동쪽, 흰 과일은 서쪽에 차리는 격식.

백두대간

문명이

할퀴고 간 좁은 공간 사이에.

검버섯 피어나듯 아파트 숲 이루고.

박힌 돌

빼어 나가도 말이 없는 원주민.

철거당한 산세들 호곡 소리 드높은데

등산객 좋아라 골골마다 상처 내어

동강 난 백두대간은 민둥산으로 헐벗고.

능선마다
조상의 혼 호화스런 석물들.

철철이 제를 올려 권문세가 원하나.

노하신
산신령님들 그 소원 들어줄까.

낮아지게 하소서

_자유시

높이면 내 마음 파도가 치고
낮추면 내 마음 호수가 되네.

아는 것 없고 가진 것 없어
내 마음은 에덴동산에서 뛰고.

가진 것 많고 아는 것 많은 자들
사막 폭풍 언덕 위 열사에 서있네.

주님!

가슴속에 꼬물대는 교만의 싹을
아버지 이름으로 잘라 주시고
겸손의 동아줄로 이 몸 묶어 주소서.

하얀 기도로 이 몸 낮추어 주소서.

---

* 자유시

6부

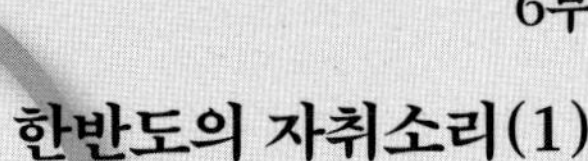

한반도의 자취소리(1)

하늘 문이 열리고

아득한 상고 천재 아들 환웅이 있었다
환웅桓雄은 인간 세상에 살기 위해
천부인 세 개를 안고 땅으로 내려왔다.

유화는 수신水神인 하백의 딸이고
해모수는 천신天神인 천제의 이시고
부계는 환웅천왕의 동명성왕이더라.

상고 하늘님 아들 '환웅'은 인간 세상에 관심이 많아. 천부인 세 개를 안고 땅으로 내려왔다. 환웅은 아버지 한인의 뜻에 따라 무리 3,000을 이끌고 태백산 꼭대기에 있는 신단수神壇樹 아래로 내려와서 여기를 신시神市라 이르니 그가 곧 환웅천왕이다. 풍백風伯·우사雨師·운사雲師를 거느리고 곡穀·명命·병病·형刑·선善·악惡 등 무릇 인간의 360가지

첨성단

강화도 마니산 정상 위치한 첨성단은

고조선 때 산신을 올리던 제천당

한반도 단군신화가 기록된 성스러운 곳.

일을 맡아 세상을 다스리라고 착한 길로 인도했다. 이때가 우리 민족의 단군 2333년 강화도의 마리산 참성단을 세워진 것이고. 국호를 고조선으로 건국했다.

(삼국사기, 삼국유사)

동명성왕

알에서 태어난 아이 기골이 장대했다
활을 잘 쏘아 이름을 주몽이라 부르고
후세에 고구려 시조 동명성왕이 되었더라.

청룡이 구름 일어 하늘로 승천하듯
백호가 바람을 쳐 광풍이 일어나듯
환웅의 정기를 받은 단군의 후예들이여.

광개토태왕

중원을 주름잡던 태상왕의 높은 기상
산천도 광야도 말발굽에 짓밟히고
호태왕 신출귀몰은 불사조와 같더라.

북으로는 연나라 몽골족을 내치고
남으로는 백제 신라 일본까지도
큰 소리 대갈일성은 산천초목이 떨었더라.

을지문덕

수양제 백만 대군을 살수강에 수장하고
우문술 우문중 형제들을 차례로 섬멸한
고구려 을지문덕 장군 후대들은 아는가.

치열했던 살수대첩 청사의 길이 남아
호통소리 들리는 듯 청천강 울리는데
검푸른 무심천만이 고구려를 노래하네.

연개소문

대막리지 연개소문 영양왕 등에 업고
국운을 세우려 고군분투하였으나
끝없는 욕심 나래는 내란으로 무너지고.

삼 형제 권력 다툼에 이전투구 싸우다
'연삼생' 배신하여 한나라에 항복하니
고구려 흥망성쇠가 이슬처럼 살아졌더라.

의자왕

백제의 높은 기상 상남 땅 주름잡고
윤충의 보국안민은 백성의 아버지
의자왕 삼천궁녀 설 그릇된 역사 기록.

김부식 유학 시절 중국 문헌 도용하여
귀국 후 만들어진 한족의 사기詐欺 기록
일제의 어용학자들 지어낸 위장의 역사.

의자왕은 백제의 31대 왕(641~660) 의자휘. 무왕 맏아들, 태자 때부터 효성이 형제간의 우애로 해동증자로 불렀다. 642년 친히 신라 미후 등 40여 성을 빼앗고 다시 장군 윤충을 보내어 대야성을 함락, 신라의 큰 타격을 주었다. 643년 고구려와 화친을 하고 신라의 당항성을 얻었고, 645년 당태종이 고구려를 침략하고자 신라에 원군을 징발하자

고란사여 말해다오 의자왕의 진실을

낙화암아 밝혀다오 삼천궁녀 왜곡을

백마강 유구한 세월은 묵묵히 흘러가는데…….

이 기회를 노려 649년 신라의 7개 성을 습격하다가 역습을 당했다. 이런 복잡한 국난으로 인해 의자왕이 망했고, 삼천궁녀 설은 사학자들의 무지로 왜곡된 것이다. 생각해 보자. 지금도 삼천 명의 여인을 모집하려면 불가능한 일이데 그 당시 삼천궁녀를 어디서 모을 수가 있었겠는가?

양만춘

당태종 안시성 점령해 고군분투했으나
성안의 군사들 사력을 다해 항거한
철옹성 난공불락의 천혜의 요새 안시성.

양만춘 쏜 화살촉의 왼쪽 눈을 잃고
혼비백산 퇴각하며 당 황제가 전한 말
성주여 그대야말로 진정한 장군이었노라고.

계백 장군

백제의 푸른 정기 찬란하게 빛나고
군사들 사기 충천 황산벌에 들리는데
계백의 대갈일성은 들을 길이 없어라.

백제의 쇠퇴를 미리 안 계백 장군
사랑하는 처자식 모조리 도륙하고
장렬히 자결해버린 백제의 충신이여.

?~660년(의자왕 20) 백제 말에 무장 소정방과 김유신이 나·당 연합군이 쳐들어와 처와 자식들을 죽이고 결사 오천 군을 거느리고 황산벌로 나아가 신라의 군사 오만의 군사와 4차례나 싸워 이겼으나. 중과부족 결국 나이 어린 관창의 전사가 흥분되어 노도와 같이 밀려드는 신라군에 패하여 장렬히 전사한 맹장이었다.

화랑 관창

김유신 김춘추와 피를 나눠 마시고
신라를 구하려 고구려에 구원 청하나
막리지 연개소문에 문전박대를 당했다.

다급한 김춘추 중원으로 말머리 돌려
당나라 소정방에 무릎 꿇고 사정하여
오만의 구원병 얻어 황산벌에 집결했다.

백제 오천 결사대와 혈전을 하였으나
계백 장군 결사 항거에 네 차래 대패해
사기는 땅에 떨어지고 군사는 지쳤다.

진중은 깊은 시름에 고심을 할 때
어린 관창 선뜻 나서 김유신에 품하길
계백의 목을 한칼에 따오겠다 장담했다.

김유신이 관창의 그 용기 가상히 여겨
기꺼이 허락하여 적군으로 보냈으나
한 합도 겨루지 못하고 잡히고 말았더라.

계백 장군 앞에 끌려간 나이 어린 관창
두 눈 부릅뜨고 부끄럽다 목을 쳐라
큰소리 대갈일성으로 계백에 호통을 쳤다.

계백이 자세히 보니 홍안에 미소년
죽이기가 애처로워 그대로 돌려 보네
물 모금 급히 마시고 말머리 돌린 관창.

백제군에 다시 생포를 해 계백 앞에
무릎 꿇리니 장군도 두 번 용서 못 해
관창의 수급을 잘라 신라군에 보냈더라.

품일은 아들 목을 껴안고 대성통곡하고
울분한 나당군 백제군을 섬멸하니
아 아 아 계백의 기계 황산벌에 떨어졌어라.

신라가 위기에 처해 고구려와 연합이 필요하다고 판단을 하여 김유신이 김춘추에 건의하여, 허락을 받고 직접 고구려의 사신으로 찾아갔다. 그러나 고구려와 외교는 진흥왕 때 획득한 영토의 반환 문제로 오히려 고구려의 억류되어 있다가 김유신의 무력시위와 고구려 대신 '선도해'의 도움으로 풀려났다.

문헌 삼국사기(삼국유사)

7부

한반도의 자취소리(2)

광복군 여의도 첫 입성

이범석

정진대원

돌베개

백범 김구

안두희

이완용

신채호 선생의 명언

망명 시절

세수할 때

안중근

윤봉길 의사

이봉창 의사

영원하라, 평창올림픽

광야(이육사)

광복군 여의도 첫 입성

1945년 8월 여의도 경성 비행장에
수송기 비행기 한 대가 내려앉았다
일행이 탄 비행기는 광복군이었다.

이범석, 김준엽, 노능서, 장준하
함용준, 정운수, 서상복이 동행하고
여의도 비행장 안엔 정진대원은 7명이었다.

이범석

이범석 장군이 필을 꺼내 들었다.
보았노라! 우리 연해의 섬들을
왜놈의 포화 속에서도 우린 살았노라고.

이 몸이 찢긴 몸이 연안에 떨어져
물고기 밥이 된다 한들 원통치 않으리
우리의 물을 마시고 자란 고기가 살찌리니.

정진대원

동시에 일행도 오랜만에 눈에 들어온
고국산천을 바라보며 외쳐대었다
우리의 조국의 땅이 기다리고 있다.

옥색 하늘이 엷게 풀어지고 남색 바다가
치마처럼 펼쳐지며 섬들이 크게 작게
조국의 짖은 향내가 가득히 차오릅니다.

바다는 송이구름이 버섯처럼 피어나고
서해안 섬들이 바닷속에서 솟아올라
광복군 이구동성으로 기염을 토하고 있었다.

돌베개

오랜만에 밟은 고국산천의 시야는
온통 허허한 벌판 공허하기만 했다
일행이 내렸을 때엔 미군뿐이었다.

우리의 예상은 완전히 깨어지고
동포의 반가운 모습은 허공에 사라지고
조국의 십일월 바람은, 쌀쌀하기만 했다.

우리의 국기도, 환성의 환영 인파도
불러줄 만세 소리도 저만치 물러나있고
검푸른 하오조차도 우리들을 외면했다.

조국이 이렇게 황량한 것이었구나
국민들 인심이 이토록 차가웠구나
소처럼 나는 땅바닥을 군화 발로 비벼댔다.

장준하 선생의 피 토하는 이 처절한 절규는 이미 많은 친일 인사들로 구성된 조국의 앞날을 예고한 울분이었던 것이다.

백범 김구

백범 9세 때부터 한글 한문을 배우고
18세 때 동학에 접주가 되어 활동하다
관군에 진압되면서 만주로 도피했다.

이듬해 귀국해 명성황후 원수를 갚으려
일본군 중위를 살해, 사형을 받았으나
고종의 특사령으로 구사일생 살아났다.

적극적인 항일 무력 활동을 전개하여
39년 임시정부 주석에 취임한 후에는
광복군 훈련반 설치 중 광복을 맞이했다.

그 후 모스크바 삼상회서 미·소 합작
신탁통치 결의되자 반탁 주도 전개하다
이승만 단독정부 세워 결별을 선언하고.

유엔의 결의에 반대하여 통일정부 수립을
위한 남북협상을 제창, 평양에서 열리는
협상에 참가했으나 김일성과 담판에 실패하여.

정부 수립에 가담치 않고 민족 통일의
원칙을 계속 주창하다, 49년 경교장에서
흉악범 안두희에 암살, 통일 꿈이 무산됐다.

"네 소원이 무엇이냐?" 하고 하느님이 물으시면, 나는 서슴지 않고 "내 소원은 대한 독립이오." 하고 대답할 것이다. "그다음 소원은 무엇이냐?" 하면 나는 또 "우리나라의 독립이오." 할 것이요, 또 "그다음 소원이 무엇이냐?" 하는 셋째 번 물음에도 나는 더욱 소리를 높여서 "나의 소원은 우리나라 대한의 완전한 자주독립이오." 하고 대답할 것이다.

〈김구 선생 명언중에서〉

안두희

안두희 49년 6월 26일 정오경 경교장에
찾아가 김구를 암살한 이천 만의 반역자
특무대 연행이 되어 종신형 선고받았다.

15년으로 감형되었고 1950년 한국 전쟁이 일어나자 잔형 집행정지 처분(1950년 6월 27일)을 받고 포병 장교로 복귀하였다. 일설에 의하면 안두희의 백범 김구 암살은 이승만 지시로 저질렀다는 주장이 제기되고 있다.

이완용

이완용 1905년 러일 전쟁에서 일본의
승리가 결정적이 되자 매국노로 변신
고종을 어전회에서 협박해 을사늑약을 맺었다.

1907년 헤이그 특사 사건을 빌미로
고종에게 퇴위를 강요 7조약에 서명해
일제에 행정권을 넘겨 대한제국을 폐망시켰다.

이완용은 일제가 우리나라를 침략하는데 일등공신, 이른바 친일의 우두머리. 1858년 7월 17일 경기도 광주 낙생면 백현리(현재의 성남시 분당구 백현동)에서 태어났다.

신채호 선생의 명언

우리나라에 부처가 들어온다면
한국의 부처가 되지 못할 것이고
부처의 한국이 된다는 뜻이며.

우리나라에 공자가 들어오면,
한국을 위한 공자가 되지 못하고
공자의 한국이 된다는 뜻이고.

우리나라에 기독교가 들어오면
한국을 위한 예수님이 아니고
예수를 위한 한국이 된다는 뜻이다.

이것이 어쩐 일이냐 이것도 정신이라면
정신인데 이것은 비굴한 노예 정신이다
진정한 자신의 나라를 만들길 원하거든.

역사를 책을 읽을 것이며 타민족들에
나라를 자랑하려면 역사를 바로 짚어라
역사를 잊은 민족은 미래는 없다는 깊은 뜻.

망명 시절

선생이 푸짐한 중국음식을 먹고 난후

음식이 맛이 좋다고 종업원에 물었다
이 고기는 무슨 고긴데 맛이 유별나지
그 고기는 동양어라는 것인데 일본에서
직접 가져온 희귀한 고기입니다
뭐라고? 왜놈 음식이라고? 노발대발하며
그 길로 화장실로 달려가 먹은 음식을 모두
토하고 나서야 친구에게 미안한 생각 들어.

미안소, 왜놈 고기는 내 위장에 맞지 않아서.

〈사설시조〉

세수할 때

선생이 세수할 때 옷이 물에 젖어.

주위의 사람들이 이상히 생각하면
단재 선생은 오히려 껄껄 웃으며
옷 젖는 것이 뭐 그리 대단하겠소.

일제에 고개 숙이기가 싫었을 따름이오.

안중근

뿌리 없는 나무가 어떻게 자랄 것이며
나라 없는 백성이 어디서 살 것입니까
조국을 위한다면은 목숨을 먼저 바쳐라.

09년 10월 26일 음영이 짙은 하얼빈 역
먹구름 깔려있는 하늘 아래 총성이 울렸다
그날이 대한제국 원수 이토의 최후의 날이다.

거사에 성공한 열사는 목 터지게 외쳤다
장부가 태어났으면 뜻이 있어야 하거늘
천하를 웅시雄視함에는 어찌 게으름을 떨리오.

내가 한국 독립을 회복하고 동양 평화를
위해 동 가식 서 가숙 풍찬노숙 해오다
마침내 원수를 죽이고, 나도 이곳에서 죽노니.

우리 2천만 형제자매는 스스로 분발하여
학문에 힘쓰고 진흥하여 나라에 끼친 뜻을
대한의 독립을 위해 죽으니 아무 여한 없도다.

[안중근 의사 어머니의 편지]

"네가 만약 늙은 어미보다 먼저 죽은 것을 불효라 생각한다면 이 어미는 웃음거리가 될 것이다. 너의 죽음은 너 한 사람의 것이 아니라 조선인 전체의 공분을 짊어지고 있는 것이다. 네가 항소를 한다면 그것은 일제에 목숨을 구걸하는 짓이다. 네가 나라를 위해 이에 이른즉 딴 맘먹지 말고 죽으라. 옳은 일을 하고 받는 형이니 비겁하게 삶을 구걸하지 말고 대의에 죽는 것이 어미에 대한 효도이다. 여기에 너의 수의를 지어 보내니 이 옷을 입고 가거라. 다음 세상에는 반드시 선량한 천부의 아들이 되어 이 세상에 나오너라."

윤봉길 의사

윤봉길 의사는 1932년 4월 일왕의
생일날 상하이 훙커우 행사장에서
일본군 가와바타를 물 폭탄에 즉사시켰다.

총영사 무라이는 중상 제3함 사령관
노무라 기치사부로 중장은 실명되었고
사단장 우에다 겐키치는 절름발이가 되었다.

그는 소리쳤다, 고국에 계신 동포들이여
내 조국 지키는 것은 우리 조선인 몫입니다
내 이제 원수를 갚고 죽으니 여한이 없도다.

아들들아 너희도 피가 있고 뼈가 있다면
조선을 위하여 용감한 투사가 되어라
대한의 깃발을 높이 드날리고 만세 불러라.

나의 무덤 앞에 한잔 술을 부어다오
그리고 아비 없음을 슬퍼하지 마라
우리의 자랑스러운 어머니가 있으니까.

장부출가생불환丈夫出家生不還 : 사내대장부가 뜻을 이루기 전에는 집에 오지 않겠다는 뜻이다. 윤봉길의 이 거사에 대해 당시 중국의 최고 지도자였던 장제스는 "중국의 100만 대군도 해내지 못한 일을 한국 용사 1명이 단행하였다!"라며 칭찬을 아끼지 않았다.

이봉창 의사

암울하던 일제강점기 1932년 1월 8일
관병식을 마치고 돌아가는 일왕에게
군중은 기미가요*를 부르며 환호를 했다.

그 무리 틈에서 숨을 죽인 채 일왕이
자신 앞으로 올 때를 기다린 이봉창
이윽고 마차가 오자 숨겼던 폭탄을 던졌으나.

아쉽게도 폭탄은 일왕을 비켜나가고
수행하던 사람들과 말만 부상을 당하며
의거는 실패로 끝났고 열사는 체포되었다.

의사는 경찰에 붙잡혀 갖은 옥고를 치르다
자결 못 한 것이 천추의 한, 그해 10월 10일
설 흔 둘 꽃 같은 나이에 교수형을 당했다.

일본인들이 신처럼 떠받드는 일왕을 제거하고 조선의 독립 의지를 천명하고자 죽음의 불구덩이로 뛰어들었던 이봉창 의사. 비록 뜻은 이루지 못했지만, 잠자고 있던 우리의 독립 의지를 깨웠고 이는 훗날 윤봉길 의사의 의거(1932. 4. 29) 등을 비롯한 애국지사들의 항일 독립투쟁으로 이어지게 된다.

* 기미가요: 일본의 국가

영원하라, 평창올림픽

남북 한 형제들이 어우러진 성화 불은
평창 하늘 온 누리에 장엄하게 타올라
강산이 출렁거리고 세계가 소스라쳤다.

북쪽의 당국자여, 남쪽의 위정자들이여!
난형난제 우월성이 무슨 소용 있는가
한민족 뭉치는 것은 우리의 사명인데.

아집과 이기심 버리고 따뜻한 동포애로
호형호제 한뜻 모아 이타심을 배려하여
조국의 통일을 위해 일로 매진하십시다.

도도히 흐르는 물결을 바다가 막겠는가
노도와 같은 함성을 태산이 막겠는가
나가라 열강들이여 우리 땅 우리가 지킬 터.

서쪽엔 유라 아시아, 실크로드가 있고
북쪽으로 이어진 러시아 대륙에는
송유관, 황금창고가 쌍수 들어 손짓하는데.

중원 천지 만주벌은 진작부터 단군 유산
통한의 삼팔선 철의 장벽 허물어지면
한반도 통일의 꿈이 실현될 날 멀지 않을 터.

광야

_이육사

까마득한 날에 하늘이
처음 열리고 어데 닭 우는소리 들렸으랴
모든 산맥들이 바다를
연모해 휘달릴 때도
차마 이곳을 범하던 못하였으리라
끊임없는 광음을
부지런한 계절이 피어선 지고
큰 강물이 비로소 길을 열었다
지금 눈 내리고
매화 향기 홀로 아득하니
내 여기 가난한 노래의 씨를 뿌려라
다시 천고의 뒤에
백마 타고 오는 초인이 있어
이 광야에서 목 놓아 부르게 하리라.

〈『육사시집陸史詩集』 서울출판사, 1946년〉